AF380065

Cremona, 2012 – distribuito da www.amazon.it

INDICE

52-12
un anno di weekend lontani dai luoghi comuni
(Nord Italia)

52-12 non è una vera guida turistica, non è propriamente un libro di itinerari. Nasce come una raccolta di spunti per vivere in modo attivo, curioso e diverso i cinquantadue fine settimana che ogni anno ci regala.

La risposta alla domanda: "cosa potremmo fare oggi?".

Un libro da lasciare sempre pronto sul comodino. Millecinquecento/duemila caratteri, una o due foto... quanto serve per risvegliare l'entusiasmo per alzarsi, bere un caffè e partire.

L'obiettivo è stimolare la curiosità, senza dilungarsi in tante descrizioni che invece vengono rimandate agli approfondimenti sul web o agli uffici turistici segnalati a lato di ogni proposta. Pertanto, per mantenere freschezza e maneggevolezza, questo libro non si addentra in dissertazioni storico-artistiche. Piuttosto tenta di parlare anche tramite le fotografie, spesso più espressive di mille parole. Le proposte sono "stagionalizzate" e si dividono in pedalate, passeggiate (o ciaspolate) e visite.

La vera novità è la possibilità di interagire con l'autore: collegandosi alla pagina web www.cicloweb.net/5212 sarà possibile porre ogni tipo di domanda in merito alle destinazioni proposte ed è garantita una risposta in pochissimi giorni! **Con il libro, quindi, si porta a casa anche una consulenza continua!**

Un piccolo richiamo alla prudenza quando si va in bici o si cammina in montagna: meglio non andare da soli, è opportuno lasciare un'indicazione dei percorsi scelti e consultare sempre le previsioni meteorologiche ed i bollettini sulle condizioni del manto nevoso con particolare riguardo al pericolo di valanghe.

Inverno

con il contributo di www.cicloweb.net e www.ciaspole.net

<u>Primavera</u>

1 – Sorprendersi per una pianura Padana vestita a festa

Occorre trovare il weekend giusto ma se non si sbaglia giornata la pedalata è di sicuro successo. Ad aprile fioriscono i ciliegi e la zona di Villanova sull'Arda cambia colore: il bianco dei fiori di ciliegio diventa il protagonista assoluto di questo ampio lembo di pianura piacentina, stretto tra il Po, l'Arda e l'Ongina.
Un mare di frutteti attorno a Soarza, a Villanova, a San Pietro in Cerro: un trionfo di colori per rivalutare anche la tanto vituperata bassa pianura Padana!

Il punto di partenza ideale può essere la città di Cremona, più servita da Trenitalia rispetto ai paesi della Bassa piacentina. Dalla città del Torrazzo si raggiunge il ponte sul fiume Po e appena dopo averlo oltrepassato si prende a pedalare verso sinistra, salendo sull'argine maestro.
Restando sempre sull'argine si attraversano campi coltivati e pioppeti fino a Soarza, piccola frazione di Villanova sull'Arda. Da questo colorato abitato si accede al regno dei ciliegi: pedalando in direzione del capoluogo si percorre una strada provinciale che corre tra ordinati filari vestiti a festa.
E raggiunta Villanova la strada panoramica prosegue fino a San Pietro in Cerro dove si trova anche un bel castello medievale.
In tutto, tra andata e ritorno, si sfiorano i cinquanta chilometri sui pedali, quindi è meglio essere allenati!

Un consiglio: è bene informarsi sul periodo della fioritura, sempre intorno all'inizio di aprile, ma variabile ogni anno!

Un altro suggerimento: tornare a maggio e giugno quando Soarza e Villanova si animano per la "Sagra delle rane e del pesce" e per la "Festa delle ciliegie".

Sul web:
www.castellodisanpietro.it per informazioni sulla storia e le modalità di visita al castello di San Pietro in Cerro.
Come arrivare:
La pedalata parte da Cremona, servita da diverse linee ferroviarie. Villanova sull'Arda ha una propria stazione sulla linea Cremona – Fidenza.
In alternativa si può raggiungere Cremona tramite l'autostrada A21.
Per Villanova sull'Arda risulta più comodo il casello di Castelvetro Piacentino lungo la stessa A21.
Per chi: per tutti i curiosi e gli appassionati con un po' di voglia di pedalare. Per i bambini la pedalata può risultare troppo faticosa!

2 – Scoprire una cascata dopo l'altra

Il "Parco delle cascate di Molina di Fumane" è un angolo della montagna veronese, tra Lessinia e Valpolicella, dove l'acqua ha disegnato uno spettacolo magnifico. Acqua fresca, di sorgente, sgorga tra le rocce e modella l'ambiente tra rapide, piccoli laghetti e fragorose cascate. Il tutto in un bosco rigoglioso quanto ospitale. Un paio d'ore sono sufficienti per percorrere, con la giusta calma e le obbligate pause fotografiche, il sentiero "nero", quello più completo. Dalla cascata Nera a quella Verde, dal Doppio Covolo all'Orso ognuna delle tante cascate non mancherà di stupire ed anche di emozionare. Per chi ha uno spirito più vivace, infatti, il Parco ha sistemato un'altissima altalena per arrivare a sfiorare l'acqua che precipita per decine di metri ed una veloce teleferica per sfrecciare sospesi nel vuoto.

Finito il giro nel parco si può pranzare al sacco sulle tante panchine a disposizione. Ma si può anche risalire in paese - Molina è un bellissimo abitato di origine medievale dove stretti viottoli e piccole corti si aprono tra caratteristiche case in pietra locale - ed approfittare della cucina tradizionale.

Sul web:
www.
cascatedimolina.it
Come arrivare: dal casello di Verona Nord della A22 seguire la superstrada per San Pietro in Cariano e successivamente le puntuali indicazioni per il Parco. Man mano che ci si addentra nella vallata la strada si fa più stretta e tortuosa, ma vale la pena continuare fino a Molina!
Per chi: per tutti i curiosi e gli appassionati. Adatta ai bambini più disciplinati.

3 – Meditare contemplando il Garda dall'eremo di San Valentino

Il lago di Garda è bello ed invitante ma spesso è tutt'altro che rilassante. Per cercare un po' di quiete, godersi un panorama e magari smaltire un lauto pranzo – consigliatissime le trattorie di collina - ci si può rifugiare in questo eremo di antica memoria.

La passeggiata dura davvero poco, non stanca nessuno ma gratifica tutti.

Dal paese di Sasso (531 mslm), guidati dal segnavia 31, si entra nel bosco. Oltre la metà del cammino si cambia sentiero abbandonando il 31, che sale verso la vetta del monte Comer, e si prosegue per un breve tratto pianeggiante.

Qualche saliscendi su gradoni rocciosi e si arriva infine all'eremo di San Valentino. Costruito ai piedi di una roccia strapiombante, a 772 mslm, l'eremo è un chiesetta eretta per sfuggire alla terribile peste del 1630: da qui, all'ombra di un bel bosco si gode di una meravigliosa vista sul lago e sull'intera catena del monte Baldo.

Sul web: www.comune.gargnano.brescia.it

Come arrivare: Gargnano è lungo la SS45 - Gardesana Occidentale. Dal casello Brescia Est della A4 si seguono le indicazioni per Salò e successivamente per Riva del Garda. Poco oltre il centro di Gargnano si svolta a sinistra verso Navazzo, Valvestino ed appunto Sasso, dove parte il sentiero descritto.

Per chi: per chi cerca la quiete o vuole digerire pranzi luculliani. Non si fa tanta fatica ma il percorso è sconnesso, richiede dunque un minimo di attenzione e di perizia.

4 – Lasciarsi incantare dai borghi del lago d'Orta

E' davvero incantevole l'isola di San Giulio, nel cuore del lago d'Orta. Un'immagine che contrasta con il quadro dipinto dalla leggenda che la vuole come uno scoglio inospitale, infestato da serpi e mostri, prima dell'intervento salvifico di San Giulio, nell'anno 390. Quasi interamente occupata dall'abbazia benedettina, dal palazzo vescovile e dalla basilica romanica, l'isola in passato era sovrastata da un castello medievale che fu abbattutto nel corso dell'Ottocento. Tutt'attorno al monastero, le antiche case dei canonici.

Dirimpettaio dell'isola, sulla terraferma, Orta ha mantenuto l'originario intreccio, tipico del borgo di pescatori, costituito da case addossate l'un l'altra e unite da strette viuzze. Cuore dell'abitato è piazza Motta, elegante e raffinata, nonché approdo dei battelli per l'isola di San Giulio.L'intricato labirinto di viottoli e stradine del centro storico si dirada man mano che si sale verso la vetta del Sacro Monte di Orta, riconosciuto dall'Unesco come Patrimonio Mondiale dell'Umanità.

Il Sacro Monte – ovvero un percorso devozionale posto sul versante di una montagna – fu realizzato tra il '500 ed il '600 ad imitazione di quello presente nella vicina val Sesia, a Varallo. Tra i visitatori più celebri del complesso sacro spicca senz'altro il filosofo Friedrich Nietzche.

Non manca di destare interesse anche la frazione di Legro: dal 1998 è un "paese dipinto" grazie all'opera di tanti artisti che, giunti in questo angolo di Piemonte da tutto il mondo, hanno affrescato le case del paese donandogli un tocco di originalità.

Sul web:
www.comuneortasangiulio.no.it
Come arrivare: Seguire le indicazioni a partire dall'uscita Gravellona Toce della A26.
Per chi: per tutti, bambini compresi.

5 – Salire alla Pietra di Bismantova

E' arrivando dal passo del Cerreto che si ha la visione più suggestiva di questa formazione geologica un tempo così misteriosa da apparire ai nostri antenati come un altare verso le divinità. Arrivando dalla Toscana, infatti, risulta evidente come la Pietra di Bismantova – il cui nome non va affatto ricondotto alla città lombarda ma piuttosto ad una radice arcaica connessa proprio con i concetti di "altare" e "luna" – si elevi su tutte le colline circostanti, unica, solitaria e maestosa.

Sulle sue pendici tracce di un insediamento preistorico, memorie di un kastron bizantino ed un eremo secentesco ancora ben conservato, proprio ai piedi della parete rocciosa.

Una volta giunti sulla vetta, accessibile grazie ad un sentiero agevole e poco impegnativo a partire da piazzale Dante, si passeggia su un pianoro erboso dal quale si aprono vastissimi panorami sulla collina e la pianura emiliana.

Sul web:
www. appenninoreggiano.it
Come arrivare: dall'uscita di Reggio Emilia sulla A1 seguire le indicazioni per Castelnuovo ne' Monti e poi Pietra di Bismantova.
Per chi: per tutti.

6 – Tenersi per mano sul lungolago di Varenna

Sul web:
www.
varennaitaly.com
Come arrivare:
Varenna e gli altri
paesi si raggiungono
facilmente a partire
dall'uscita di
Varenna lungo la
superstrada Milano
Lecco Colico. La
stazione di Varenna
è ben servita dalla
linea Milano – Lecco
– Sondrio.
Per chi: per tutti.

L'eleganza di una romantica passeggiata in riva al lago di Como, al cospetto dell'imponenza del Bregagno: questo è il più bel ricordo che lascia questa piccola ma spettacolare cittadina lecchese.

Ville lussuose circondate da giardini rigogliosi ma anche antiche case di pescatori che si addossano l'un l'altra in un centro storico di antica memoria.

Un connubio ideale per un pomeriggio contemplativo, passeggiando prima tra le case del borgo, poi lungo il lago ed infine negli splendidi giardini di Villa Monastero e Villa Cipressi.

E se resta tempo, sulle rive del Lario, vicino a Varenna, si trovano anche il castello di Vezio, l'antica abbazia di Piona ed il borgo di Corenno Plinio. Oppure ci si può imbarcare su uno dei frequenti battelli che portano alla perla del triangolo lariano, Bellagio, o all'elegante Menaggio, sulla sponda comasca del lago.

7 – Pedalare dove sferragliavano i treni

Considerando che c'è anche il tragitto di ritorno è forse meglio pedalare solo in parte lungo questo tracciato di quarantacinque chilometri che recupera il sedime ferroviario della dismessa tratta che da Mantova portava sino alle rive del Garda.

Da Peschiera del Garda, dove il lago si chiude per tornare fiume e diventare Mincio, parte un bel percorso ciclabile che in tutta tranquillità si addentra tra le colline moreniche mantovane.

Una pedalata dolce che attraversa un territorio molto particolare, ondulato e verdeggiante, nel quale si nascondono piccoli tesori come Borghetto (frazione di Valeggio) e Castellaro Lagusello, entrambi tra i "borghi più belli d'Italia".

Proprio il percorso Peschiera – Borghetto, una decina di chilometri all'andata ed altrettanti al ritorno, può essere la scelta ideale per una pedalata poco impegnativa.

Sul web: www. ciclabilemantovapeschiera.it
Come arrivare: Peschiera del Garda è un'uscita della A4 ed una stazione ferroviaria sulla linea Milano – Brescia – Verona – Venezia. Mantova è servita anch'essa dal treno e dispone di due caselli lungo la A22 Modena – Brennero. Nel fine settimana esiste un servizio di autobus a supporto della ciclabile garantito dalla compagnia Apam (www.apam.it/ servizi/bici-bus)
Per chi: amanti del relax in bicicletta. Anche per i bambini, considerando ovviamente le distanze da percorrere. L'intera tratta è di 43 km.

8 – Addentrarsi in val Luretta

Sul web:
www.
piacenzaturismi.net
Come arrivare:
Indicazioni una volta
usciti a Piacenza
Ovest lungo la A21.
Per chi: per tutti.

Agazzano è lo sconosciuto cuore della val Luretta. Prima di entrare tra le mura del suo monumentale castello duecentesco si può fare colazione nella bella piazza Europa, elegante e molto vivace, in particolare nei giorni di festa.

Due passi a piedi e, lasciata la piazza, si arriva tra le mura di un complesso fortificato che racchiude una residenza ed un presidio militare. Isolato e lontano dalle vie di comunicazione – la val Luretta è infatti una valle chiusa – il castello di Agazzano non ha avuto una storia tormentata e la proprietà attuale è "geneticamente" riconducibile ai fondatori del castello, pur con qualche inevitabile "contaminazione".

Come tutti i castelli, anche Agazzano vanta il suo fantasma. Qui è la losca figura del "Buso" ad animare la fantasia dei visitatori ed a turbare i sogni dei residenti.

Nel corso degli scontri tra Guelfi e Ghibellini, Astorre Visconti non ebbe pietà di Pier Maria Scotti, un suo ex-alleato che si era rivelato troppo avido. Lo fece uccedere e lo seppellì nel fossato del castello: ancora oggi, quindi, il fantasma di Pier Maria Scotti, più noto appunto come "il Buso" - per la sua capacità di forare i nemici con la spada – imperversa tra le fredde mura del castello di Agazzano.

Tutt'attorno altri castelli ed un territorio da scoprire, in auto o in bicicletta: il fascino delle colline della val Luretta s'intuisce già dal giardino del castello, una vera balconata sulla pianura e la prima collina piacentina.

– Pedalare tra le "oasi" della pianura cremonese

Come le oasi nel deserto, i "bodri" rompono la "monotonia" del paesaggio agricolo cremonese, sorprendendo chi non li conosce sia per la loro natura sia per la loro origine.

Il "bodrio" infatti nasce in occasione delle piene del Po: il fiume, incontrando un ostacolo naturale o artificiale, può creare dei gorghi in cui la forza dell'acqua è tale da scavare il terreno sottostante. Una volta ritiratasi l'ondata di piena, dalle falde più superficiali sgorga acqua limpida, fonte di vita. Il risultato sono tanti laghetti attorno ai quali si sviluppa una rigogliosa vegetazione - spesso diversa da bodrio a bodrio - tra le cui fronde trovano casa diverse specie animale, in particolare uccelli stanziali e migratori.

Da qualche anno il comune di Stagno Lombardo ha segnalato con pannelli informativi e indicazioni turistiche un percorso circolare che in meno di venti chilometri sfiora diversi bodri e permette di pedalare in tranquillità, nel cuore della pianura e dell'area golenale del Po.

Come arrivare:
Stagno Lombardo dista 10 km da Cremona (autostrada A21, stazione ferroviaria). Seguire le indicazioni per la strada per Casalmaggiore fino a incontrare in località Forcello il bivio per Stagno Lombardo.
Per chi: per tutti, compresi i bambini più abituati a pedalare.

10 – Ascoltare gli echi di un tempo che fu.. in val Trebbia

Come arrivare:
Da Piacenza si seguono le indicazioni per la val Trebbia. Oltre Bobbio ed oltre Marsaglia si prosegue addentrandosi in una valle sempre più selvaggia. Appena dopo le indicazioni sulla sinistra per Traschio si incontra il bivio per Zerba. Pressochè invisibile, poco dopo, l'indicazione per Tartago: una piccola strada si addentra in un castagneto per poi sbucare su un ponte sul Boreca.
Per chi: per tutti i curiosi e gli appassionati.

Avventurarsi nelle valli laterali della val Trebbia porta a scoprire angoli di un'Italia che non c'è più. Fino a pochi anni fa, infatti, tanti pendii erano popolati da contadini che coltivavano la terra ed allevavano il bestiame seguendo ritmi antichi e consuetudini secolari. Nel giro di pochi anni tutto questo mondo è scomparso: rimangono però tanti paesi - ora deserti, se non per le visite domenicali degli eredi degli antichi abitanti - e vie di comunicazione che, persa la loro valenza originaria, sono state sistemate e trasformate in sentieri escursionistici.

Uno dei più pittoreschi tra questi paesi "incantati" è senz'altro Tartago, in val Boreca. Vi si accede anche in auto, salendo lungo una carrabile stretta, ripida e tortuosa. Oppure ci si sale a piedi da Cerreto, seguendo il sentiero prima e la stessa carrabile dopo. Il paese è affascinante perché la ristrutturazione ha conservato i caratteri tipici del borgo agricolo: pietra locale e legna, fienili e case addossate l'una all'altra.

Un vero tuffo nel passato.

Ed anche una curiosità per chi ama la mitologia. Si dice che tutta questa zona sia stata popolata da disertori dell'esercito cartaginese guidato da Annibale, fuggiti dalla furia della battaglia del Trebbia nel 218 a.C: Tartago allora deriverebbe da Carthago, Zerba da Djerba ed il monte Lesima, il più alto della valle, prenderebbe il nome proprio dal condottiero cartaginese che qui si ferì ad una mano (Lesima da "lesa manus").

11 – Spiare la piazza a Fontanellato

Sul web:
www.
castellidelducato.it,
www.
fontanellato.org
Come arrivare:
Seguire le varie
indicazioni a
partire dal casello
di Fidenza lungo
l'autostrada del
Sole. La stazione
ferroviaria più
vicina è Fidenza.
Per chi: per tutti i
curiosi e gli
appassionati,
adatto ai bambini.

L'antico borgo di Fontanellato deve il suo splendore ai Sanvitale: questa famiglia, inizialmente "comune", entrò nelle grazie di Gian Galeazzo Visconti, signore di Milano, per le capacità amministrative dimostrate e fu così investita del feudo di Fontanellato. Nel corso del Trecento, dunque, i Sanvitale trasformarono una preesistente torre in una residenza castellata di grande eleganza che ancora oggi troneggia nel centro dell'abitato.

Fino agli anni '50 del Novecento i discendenti della famiglia abitavano nel castello che oggi è invece di proprietà comunale. Lungo il perimetro della rocca, uno scenografico fossato, tuttora colmo d'acqua.

Il momento più curioso della visita è rappresentato dalla "camera ottica", una stanza dalla quale, per un complesso gioco di luci, i signori del tempo potevano spiare la vita della piazza senza essere visti. Una radice ottocentesca per un vizio moderno: il gossip!

Nel castello si trova anche una stanza di grande rilievo artistico: si tratta della saletta di Diana ed Atteone, affrescata nel pieno del Cinquecento da Francesco Mazzola, più noto come "il Parmigianino".

Tutt'attorno al castello un borgo ben conservato, con chiese di antica origine: in piazza si trovano l'oratorio dell'Assunta e la chiesa di Santa Croce.
Poco fuori dal centro storico, invece, svetta il Santuario della Beata Vergine del Rosario.

12 – Fingersi ingegneri pedalando accanto all'Adda

Come arrivare: la pista ciclopedonabile parte dal castello di Trezzo sull'Adda, nei pressi del casello di Capriate lungo la A4.
Per chi: per tutti i curiosi, a patto che siano allenati a pedalare. Per i bambini trentasei chilometri possono risultare un po' tanti..

Da Trezzo d'Adda a Brivio i chilometri sono diciotto: una distanza che, anche considerando il ritorno, non respinge nessuno. La pista ciclopedonabile che affianca il corso dell'Adda tra la Brianza e la bergamasca è interessante non solo dal punto di vista naturalistico ma anche dal punto di vista ingegneristico ed architettonico.

Pronti via e, lasciato alle spalle il castello di Trezzo, si passa dalle centrali idroelettriche Esterle e Bertini, veri e propri monumenti di archeologia industriale, mirabilmente inserite nel contesto fluviale ed inconfondibilmente "liberty".

Attorno al decimo chilometro si transita sotto la volta del ponte di Paderno, o ponte Rothlisberger: questo manufatto, all'epoca della sua realizzazione (1889), rappresentava un prodigio ingegneristico, una costruzione all'avanguardia dove ogni pezzo era stato unito all'altro senza saldature ma solo con viti e bulloni.

Ultimi colpi di pedale e si arriva a Brivio, poco a valle del lago di Olginate dove l'Adda, dopo il ramo manzoniano del lago di Como, torna a riadagiarsi in un placido bacino.

Prima di arrivare a Brivio, però, l'attenzione è tutta per il traghetto di Imbersago: una soluzione di attraversamento studiata dal genio di Leonardo da Vinci. Il traghetto, sfruttando la sola forza delle acque del fiume, passa da una riva all'altra dell'Adda unendo così le due sponde in pochi minuti. Nei secoli sono cambiate l'imbarcazione e le funi, ma il meccanismo è sempre lo stesso: il traghetto trasporta fino a cento persone e cinque automobili!

13 – Sfidare la rabbia del diavolo a Bobbio

Sul web:
www.comune.bobbio.pc.it
Come arrivare: Seguire le indicazioni per la val Trebbia e Bobbio a partire dall'uscita A1-A21 Piacenza Sud.
Per chi: per tutti.

Nonostante oggi non sia che un paese di mezza montagna con circa tremilacinquecento abitanti, Bobbio, nel cuore dell'Appennino Piacentino, vanta una storia gloriosa.

Antica provincia del Regno di Sardegna e soprattutto feudo vescovile che vantava influenze dal Piemonte alla Lunigiana, dalle montagne modenesi a Chiavari, Bobbio conserva nell'eleganza del centro storico le vestigia di questo importante passato.

Si spiegano così l'abbondanza di residenze nobiliari (Palazzo Olmi, Palazzo Alcarini, Palazzo Malaspina su tutti), la presenza di una grandiosa abbazia - la cui fondazione va fatta risalire fino al 614 ed al frate Colombano, poi santificato - e di altre chiese e santuari. Sul centro svetta la possente sagoma del castello Malaspina-Dal Verme, antico presidio guelfo, rifugio della nobiltà assediata dai ghibellini di Piacenza.

La curiosità è il "ponte vecchio", o "gobbo", o "del diavolo", che unisce le due sponde del Trebbia. L'andamento irregolare e le arcate diseguali hanno dato origine a diverse leggende: la più diffusa si lega ad un abile inganno perpetrato da San Colombano al diavolo. Quest'ultimo infatti avrebbe dato incarico ai suoi demoni di costruire un ponte in cambio dell'anima del primo mortale che vi sarebbe passato sopra. Ogni demone costruì un'arcata secondo la propria altezza ed il profilo del manufatto risultò così molto diseguale. Realizzata l'opera, il diavolo volle esigere il suo compenso e San Colombano mandò sul ponte un piccolo cane. Fu questo, dunque, il primo essere mortale a percorrere il nuovo ponte: la beffa irritò terribilmente il diavolo che tornò negli inferi dopo aver scalciato il ponte, incrinandolo ulteriormente.

Nonostante la tormentata origine, il ponte ha saputo resistere a diverse piene del Trebbia (ai crolli fu posto immediato riparo nel corso dei secoli) ed anche ad un rischio di demolizione quando si pensava che gli Austriaci stessero per invadere la valle.

14 – Risalire l'Oglio tra borghi antichi e monumentali castelli

Le rive dell'Oglio, nel tratto dove il fiume segna il confine tra le province di Cremona e Brescia, smentiscono chi definisce piatta e monotona la Pianura Padana.

In questo zona, ad esempio, corre un percorso ciclabile ("la pista ciclopedonabile del ponte della Barca") che permette di scoprire gli ambienti fluviali dell'Oglio e del suo affluente principale, il Mella, oltre ad un borgo sconosciuto agli stessi cremonesi, Ostiano. E' un paese che, tra le mura, conserva ricche testimonianze di un antico complesso fortificato e, nei dintorni, ospita una delle chiese più antiche della provincia cremonese, la millenaria "Torricella".

Più a monte, sulla sponda bresciana il castello di Pontevico domina un'ansa del fiume e dal centro dell'abitato una piccola provinciale, tortuosa e vivace, porta fino a Monticelli d'Oglio, dove si trovano i resti di un altro antico castello, ora di proprietà del Fai, ed un caratteristico borgo agricolo.

Superato il fiume per rientrare nella provincia di Cremona, si arriva infine alla celebre Soncino dove i motivi di interesse sono svariati, a partire - anche qui - da un castello, la Rocca Viscontea.

Curioso il profilo della "pianura" vicina al fiume: sul versante bresciano l'andamento è lievemente collinare mentre la sponda cremonese è caratterizzata da un terrazzo alluvionale, una scarpata che si eleva di alcuni metri sul livello del fiume evidenziandone l'antico alveo.

Come arrivare: Ostiano si trova lungo una provinciale che da Cremona porta verso Pralboino e Seniga. Pontevico è un casello della A21 da cui si raggiungono anche Monticelli d'Oglio e Soncino. Solo Cremona e Pontevico sono servite dal treno. **Per chi**: per chi cerca anche in Lombardia il fascino dei borghi antichi.

15 – Immaginare Milano come un antico porto fluviale

Consultando i progetti "nostalgici" collegati alla futura Esposizione Universale (Expo 2015), riesce difficile, se non impossibile, immaginare che Milano fosse un porto ed un crocevia di vie navigabili connesso con le Alpi e vaste zone della pianura lombarda. Tuttavia fino a pochi decenni fa era proprio così. E Milano è stata una città navigabile per quasi un millennio!

Il Naviglio Grande fu infatti realizzato nel XII secolo per scopi irrigui e dopo un centinaio d'anni divenne la prima via d'acqua artificiale completamente navigabile. Proprio lungo le acque del Naviglio sono arrivati i marmi che, estratti dalle cave di Candroglia, nell'Ossola, servirono alla costruzione del Duomo a partire dal XIII secolo.

L'alzaia del Naviglio Grande è oggi una lunghissima ciclabile che, uscita dalla città e da una periferia che sembra non finire mai, conduce dapprima ad Abbiategrasso, passando per la campagna coltivata milanese (il Parco Agricolo del Sud Milano), e poco oltre si biforca: a sud si va verso Bereguardo ed il Pavese, la diramazione nord si allunga invece fino alle soglie del Lago Maggiore passando per diversi luoghi davvero suggestivi. Oltre al Parco del Ticino ed alla sua natura rigogliosa si ammirano infatti ville e residenze molto eleganti, in particolare a Cassinetta di Lugagnano e Robecco sul Naviglio.

16 – Pedalare tra i castelli del Cremonese

Come arrivare:
Si può raggiungere Gazzo Pieve San Giacomo in treno, linea Milano – Cremona – Mantova. Se si viaggia in auto si può partire direttamente da Cicognolo, una decina di chilometri ad ovest del casello di Cremona sulla A21 (procedere in direzione Mantova). **Per chi**: per tutti.

La pianura cremonese nasconde diversi gioielli di cui spesso gli stessi abitanti della città del Torrazzo sono ignari. Una bella pedalata tra i campi, lontani dal traffico e dal caos delle più frequentate vie di comunicazione, permette di scoprire "adagio" tre belle residenze castellate, di origine medievale ma profondamente rivisitate nel corso del XIX secolo.

In partenza dalla stazione di Gazzo – Pieve S. Giacomo, sulla linea Cremona – Mantova, si raggiunge in tre chilometri Cicognolo, paese cresciuto attorno al castello di antica origine ma sul quale lavorò profondamente, nel corso dell'Ottocento, l'architetto Luigi Voghera.

Dal centro di Cicognolo, pedalando su via Dante, ci si immerge rapidamente nella campagna: tra campi e rogge si arriva, in meno di nove chilometri, a Torre de' Picenardi dove l'attenzione è tutta per la villa Sommi Picenardi. Sorprende per l'eleganza e per la commistione di stili che la rende davvero unica nel suo genere.

Ultimo obiettivo il grandioso castello di San Lorenzo: per arrivare in questo maniero, preceduto da un giardino ampio quanto rigoglioso, bastano un paio di chilometri, ci si arriva dunque con pochi colpi di pedale!

Il ritorno avviene sul percorso di andata.

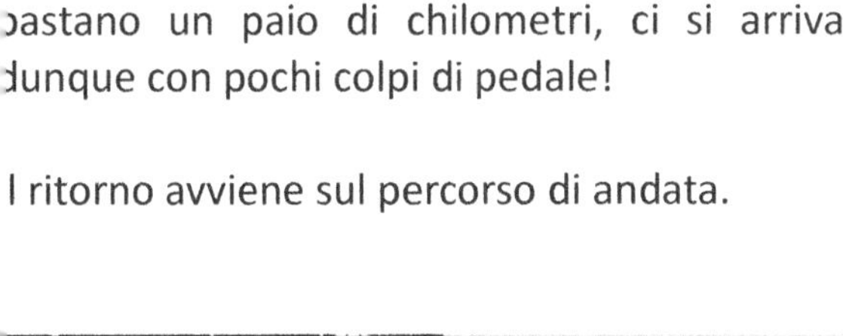

<u>*Estate*</u>

17 – Tintarella a Fiascherino, merenda a Tellaro

Sul web:
www.
comune.lerici.sp.it
Come arrivare:
dall'uscita Sarzana
sulla A12 si seguono
le indicazioni per
Lerici e poi per
Tellaro. Poco prima
di Tellaro si trova
Fiascherino: il
parcheggio è qui
molto difficoltoso.
Per chi: per tutti.

E' difficile scovare angoli "segreti" sulla riviera ligure, ma è possibile trovare piccole insenature dove il panorama riesce ad incantare anche quando la spiaggia è affollata.

Fiascherino, nei pressi di Lerici, è uno di questi luoghi. Una minuscola spiaggia chiusa tra le rocce, affacciata su un mare cristallino. Arrivateci la mattina presto, soprattutto nei weekend o in alta stagione, altrimenti non riuscirete a trovare lo spazio per godere di questo paradiso.

Dopo la giornata sulla spiaggia non si può fare a meno di passeggiare per le belle vie di Tellaro, antico borgo marinaro poco distante dalla spiaggia di Fiascherino. Le case variopinte si fronteggiano l'un l'altra, congiunte da vicoli angusti, per poi specchiarsi nel mare in un quadretto esaltato anche dagli aromi e dai sapori: una merenda a base di focaccia tipicamente ligure suggella una giornata che non si potrà dimenticare!

Nella cucina di Tellaro, tuttavia, un posto di rilievo è occupato dal polpo. Preparato "alla tellarese", ovvero lessato con patate e condito con olio, prezzemolo ed aglio, oppure "all'inferno", cioè stufato con foglie d'alloro, peperoncino e pomodoro, rimanda alla leggenda del polpo campanaro". Si racconta infatti che Tellaro fu salvata da un attacco notturno dei Saraceni grazie ad un polpo gigante che svegliò gli abitanti suonando le campane della chiesa parrocchiale.

18 – Togliersi la soddisfazione di un Quattromila

A differenza delle altre proposte, la conquista del Breithorn Occidentale non è alla portata di tutti e neanche di tanti: ma se amate la montagna, la preparazione fisica è adeguata, la salute anche e disponete di corda, picozza e ramponi allora potete togliervi la soddisfazione di conquistare la vetta di questo Quattromila, riconosciuto come il più facile delle Alpi.
Ovviamente è necessario farsi accompagnare da una guida, o quantomeno da un amico esperto e perfettamente in grado di gestire i rischi di un percorso su ghiacciaio.

La salita ideale parte da Cervinia o dall'arrivo del primo troncone della cabinovia: salire progressivamente permette infatti di abituarsi all'altitudine e di ridurre il rischio di mal di montagna. La passeggiata fino al rifugio Teodulo o al rifugio Guide del Cervino, basi ideali per l'ascesa, è dominata dalla sagoma del Cervino il cui affascinante profilo compensa il disappunto per lo stato in cui versano i pendii lungo i quali si cammina.

Al rifugio Teodulo si pernotta ed il giorno dopo si è pronti ad attraversare il ghiacciaio, qualche pista da sci e poi di nuovo ghiacciaio incontaminato: il tratto finale e lo splendido panorama dalla vetta sono la ricompensa per la fatica compiuta!

Il Breithorn Occidentale si presenta come un panettone imbiancato al culmine del quale si raggiungono i 4165 metri di altitudine e si gode di un estesissimo panorama sulle Alpi svizzere, sul Cervino e sulla catena del monte Rosa.

Molti effettuano l'ascesa in giornata sfruttando gli impianti: la conquista è così più veloce ma si riducono i tempi per l'adattamento all'altitudine e si perde l'atmosfera di una notte in rifugio.

Sul web:
www.cervinia.it
www.rifugioguidedelcervino.com
Come arrivare: si parte da Cervinia, comodamente raggiungibile a partire dalla A5 Torino - Aosta.
Per chi: escursionisti esperti con guida al seguito. Chi non vuole azzardare la conquista dei 4165 metri del Breithorn Occidentale può comunque raggiungere il rifugio Teodulo, splendido punto di osservazione del Cervino.
O, più pigramente, salire in funivia al rifugio Guide del Cervino e godere del panorama senza faticare.

9 – Camminare sui pendii erbosi

Senza nulla togliere a Bergamo ed alla sezione orobica del Club Alpino Italiano, questo rifugio, voluto dall'alpinista Johann Santner come primo appoggio nel gruppo del Catinaccio, preferiamo chiamarlo con il nome tedesco: Grasleitenhutte, ovvero "rifugio sui pendii erbosi". Perchè è questo il giusto nome per un rifugio tra i più particolari delle Dolomiti, costruito nel 1887 dove la val Ciamin si stringe fin quasi a chiudersi tra le pareti di roccia.

La salita da San Cipriano, in val di Tires, parte dolce, su una traccia ampia (segnavia n.3) che risale dapprima i verdissimi declivi del fondovalle, punteggiati da baite secolari, e poi si addentra nel bosco di conifere fino al Rechter Leger, una radura dove il panorama impone una lunga sosta contemplativa.
Dopo questo alpeggio la traccia sale con più decisione e la strada forestale si restringe fino a divenire un sentiero vero e proprio. Affrontata al giusto passo l'escursione è comunque alla portata di chiunque sia armato di buona volontà! Il dislivello è di circa mille metri, dai 1090 metri di altitudine di San Cipriano ai 2165 metri del rifugio Bergamo o, appunto, Grasleitenhutte.

Chi se la sente, prima di assaggiare l'ottima cucina del rifugio, può aggiungere il passo del Molignon o il passo Principe: i panorami si aprono su nuovi versanti, nuovi orizzonti , nuovi traguardi da raggiungere!

Sul web:
www.tiersertal.com/grasleiten/ita/index.html

Come arrivare: Tires si raggiunge rapidamente una volta usciti dal casello Bolzano Nord della A22. Precise indicazioni in loco.

Per chi: per chiunque voglia ammirare panorami grandiosi! Per i meno allenati il Rechter Leger è una meta di facile accesso e di indimenticabile soddisfazione!

20 - Seguire le orme di Dante fino alle porte della Versilia

Sul web:
www.comune.
castelnuovomagra.
sp.it
Come arrivare:
Indicazioni a
partire dal casello
di Sarzana, lungo
la A12.
Per chi: per tutti i
curiosi e gli
appassionati.

Alla ricerca di una cena in collina, di un po' di frescura o di qualche ora di evasione dall'assolato litorale della Versilia ci si inerpica per pochi chilometri fino a raggiungere Castelnuovo Magra, paese di intensa suggestione. Un tempo centro del potere vescovile, pare che il borgo, nel 1306, abbia ospitato anche il sommo poeta Dante Alighieri, impegnato a far da mediatore tra gli ambiziosi Malaspina ed i potenti vescovi di Luni.

Una passeggiata tranquilla, per lanciare uno sguardo ammirato alla Turris Magna, per fantasticare osservando ciò che resta dell'antico castello voluto nel Trecento proprio dai vescovi della decaduta città di Luni e per girovagare curiosi tra le strette vie del borgo, colorate dalle vivaci tinte delle antiche abitazioni. Sull'estremità occidentale di Castelnuovo, proiettata verso il mare, si trovano la chiesa di Santa Maria Maddalena, il palazzo Comunale e gli oratori dei Rossi e dei Bianchi.

Nei dintorni durante tutta l'estate si susseguono sagre e feste in cui deliziare anche il palato. Palato che può essere soddisfatto anche con una visita nell'Enoteca pubblica della Liguria e della Lunigiana.

21 – Invadere il principato di Seborga

Seborga è un piccolo comune ligure di circa trecento abitanti, tra Ospedaletti e Bordighera.

O forse è un principato? Dagli anni '50, in virtù di un antico statuto, alcuni abitanti hanno dichiarato non valida l'annessione del comune al Regno di Sardegna avvenuta nel 1815 ed hanno pertanto dichiarato l'indipendenza di Seborga dal resto d'Italia. L'orgogliosa autodeterminazione, nei fatti poco più che un fenomeno folcloristico, si concretizza nell'elezione di un principe e nel conio di una moneta locale che, pur non avendo corso legale, viene scambiata come voucher in alcuni esercizi pubblici del comune. Non mancano nemmeno francobolli e targhe automobilistiche ad hoc.

Al di là delle curiosità storico-politiche, vale la pena passeggiare per questo bel paese tipicamente ligure che rappresenta una piacevole deviazione dai più consueti itinerari turistici del Ponente. Da non perdere la parrocchiale di San Martino, appena restaurata, ed i resti delle mura che cingevano l'abitato.

Il paese è anche un eccezionale punto panoramico: si dominano il mar Ligure e la costa, fino ad intravedere il Principato di Monaco e la Costa Azzurra.

Sul web:
www.comuneseborga.it
www.proseborga.com
Ma anche un più ambizioso
www.principatodiseborga.com
Come arrivare: seguire le indicazioni a partire da Bordighera ed Ospedaletti, situati sulla via Aurelia e la A10.
Per chi: per tutti i curiosi.

A dominio sulla val Pradidali (ovvero la "valle dei prati gialli") si trova questo accogliente rifugio restaurato di recente: situato a 2278 metri di altitudine, il Pradidali si raggiunge dopo una lunga ed impegnativa camminata sul sentiero 709, a partire da località Cant del Gal (1180 mslm).

La soddisfazione è massima e la fatica ripagata: il rifugio si trova infatti nel cuore di una vallata dolomitica e la struttura, voluta nel 1896 dall'associazione alpina austro-tedesca, è sovrastata da una serie di torri e pinnacoli dolomitici di raro fascino. Siamo nel cuore delle Pale di San Martino, le montagne predilette dallo scrittore Dino Buzzati che in queste terre cercava – e trovava - l'ispirazione. Per chi avesse ancora fiato vale la pena aprire ulteriormente l'orizzonte e raggiungere il passo di Ball, poco distante dal rifugio.

Tornati in valle non può mancare una visita alla villa Welsperg, antica residenza voluta dai conti Welsperg ed ora sede del centro visitatori del Parco Naturale di Paneveggio - Pale di San Martino, ed al bel giardino che la cinge.

Ancora più a valle merita una passeggiata il paese di Mezzano, frazione di Imer, dove è stato straordinariamente mantenuto fino ad oggi l'aspetto tipicamente montano del centro. Tra le strette vie del borgo, ancora a misura di mezzo agricolo, si notano l'uso fedele di pietra locale e legna per le abitazioni, la presenza di storiche fontane e tanti altri dettagli che rimandano ad un passato lontano.

Sul web:
www.primiero.com
Come arrivare: Al rifugio Pradidali si arriva camminando sul sentiero 709 dalla località Cant del Gal, in val Canali, a pochi chilometri da Fiera di Primiero. Per giungere in questo angolo di Trentino si percorre, dal casello Trento Nord della A22, la strada statale della Valsugana seguendo poi le indicazioni per Primiero/San Martino di Castrozza.
Per chi: per amanti della montagna allenati. Forse troppo impegnativo per i bambini.

23 – Raggiungere San Fruttuoso, sulle orme di cinque monaci del V secolo

Sul web:
www. turismo.genova.it
www. golfoparadiso.it
Come arrivare: da Camogli, Santa Margherita Ligure e Portofino in barca o sui sentieri escursionistici.
Per chi: per tutti, a seconda della modalità di accesso scelta.

L'abbazia di San Fruttuoso si trova in una bella insenatura del mar Ligure, tra Camogli e Portofino. Si può raggiungere in barca, con una breve traversata, oppure percorrendo i sentieri che da più punti convergono sulla spiaggia e sul monastero.

L'origine del santuario sfuma nella leggenda. Si narra che il vescovo Fruttuoso di Tarragona (in Spagna), martirizzato, apparve in sogno a cinque monaci indicando loro il punto dove seppellire le sue spoglie. Lungo la costa ligure avrebbero individuato un'insenatura, vicino ad una grotta e ad una fonte d'acqua protetta da un drago: l'angelo che li guidava sconfisse il drago e così i monaci fondarono il luogo sacro.

Nel tempo l'abbazia vide periodi felici alternati a momenti di oblìo: lo sviluppo si deve alla nobile famiglia genovese dei Doria che si preoccupò di ampliare e fortificare il complesso.

Nel Novecento, dopo decenni di declino – durante i quali divenne covo di pirati, abitazione per marinai, magazzino - l'abbazia è stata ristrutturata dal Fai ed è ora il cuore di un piccolo borgo marinaro dove trascorrere anche qualche ora "balneare".

24 – Scoprire la val di Funes

Sul web:
www.
villnoess.com
Come arrivare:
Dall'uscita di
Chiusa/Klausen
lungo la A22 si
seguono le precise
indicazioni per
la val di Funes.
Per chi: per chi
vuole lasciarsi
incantare da uno
scenario fiabesco.

Ingiustamente, ma forse fortunatamente, poco nota al grande pubblico la val di Funes è uno splendido angolo nel cuore delle Dolomiti, una valle autentica dove si mantengono vive le tradizioni più radicate nella cultura tirolese e dove la montagna non è stata "asservita" al turismo di massa, ma rispettata e valorizzata con lungimiranza.

La val di Funes è uno spettacolo da apprezzare in ogni stagione: a primavera per la fioritura, d'estate quando le giornate sono più lunghe e malghe e rifugi sono tutti aperti, d'autunno per la magia dei caldi colori di questa stagione e d'inverno... perchè con la neve è tutto più romantico.

Il panorama migliore si ha salendo da San Pietro verso il passo delle Erbe: da questa prospettiva si ammirano il profilo delle Odle, il verde della vallata, la posizione scenografica della bella chiesetta di San Giovanni in Ranui.

Le escursioni più accessibili e gratificanti conducono da malga Zannes (parcheggio a pagamento o arrivo del servizio navetta) al rifugio Genova ed al passo Poma – dove il panorama si apre sulle Dolomiti di Fanes e la montagna ampezzana - oppure a malga Brogles, verso la val Gardena, proprio ai piedi delle Odle. A quest'ultima malga si arriva più rapidamente dai dintorni di Santa Maddalena, vicino alla chiesetta di San Giovanni in Ranui.

25– Rilassarsi a Dolceacqua, a due passi dalla Riviera dei Fiori

Il castello dei Doria domina l'antico borgo medievale di Dolceacqua, pittoresca località sulle rive della Nervia, nell'estremo Ponente ligure. Addirittura Claude Monet fu incantato dalla magia di questo paese: il ponte, costruito nel Seicento per unire Terra (il borgo più antico) e Borgo (il nuovo insediamento più a valle), affascinò a tal punto il pittore impressionista da diventare un soggetto ricorrente nei suoi dipinti.

Scrisse Claude Monet: "... il luogo è superbo, vi è un ponte che è un gioiello di leggerezza ..."

Più antico del ponte è il castello, voluto dalla famiglia Doria nel corso del XIII secolo ed ampliato successivamente. Trasformato in residenza signorile ha subìto nel corso dei secoli diversi danni per mano umana (assedio franco-spagnolo durante la guerra di successione austriaca) e per cause naturali (il terremoto del 1887).

Sul web:
www.dolceacqua.it
Come arrivare: seguire le indicazioni a partire da Ventimiglia e Bordighera, situate sulla via Aurelia e la A10.
Per chi: per tutti i curiosi.

26 – Mangiare uova e speck ai piedi del Catinaccio

D'inverno, durante il periodo di apertura, arrivare a malga Haniger è fiabesco. Si cammina per un paio d'ore tra boschi ed alpeggi e poi, all'improvviso, si scorge il fumo che esce dal camino di una piccola malga coperta da decine di centimetri di neve. Il tutto ai piedi delle torri del Vajolet e del Catinaccio.

Anche d'estate però malga Haniger conserva intatto il suo fascino: da Runggun – località posta a 1200 mslm, qualche centinaio di metri a monte di San Cipriano, in val di Tires - si inizia a camminare lungo un declivio erboso, seguendo il segnavia n.7. Si entra nel bosco e ben assistiti dalle indicazioni che guidano tra sentieri e strade forestali si raggiungono gli alpeggi di Plafotsch (1530 mslm). Incantati dal panorama bucolico, dominato dalle slanciate Torri del Vajolet e dall'imponenza del Catinaccio, si prosegue oltre, addentrandosi nuovamente in un rigoglioso bosco di conifere. Un'altra oretta - lungo un sentiero che dapprima scende, poi, guadato un torrente, risale rapidamente - e si raggiunge malga Haniger (1943 mslm) dove le fatiche della salita saranno ripagate da una cucina strepitosa.

Vale la pena, però, rimandare un attimo le gioie della tavola e proseguire per qualche minuto fino a raggiungere la radura vicina, seguendo le indicazioni per il rifugio Fronza. Il panorama è ancora più ampio e si estende fino al gruppo del Latemar.

Il Catinaccio in tedesco è chiamato Rosengarten, ovvero giardino delle rose. Un nome poetico che rimanda ad un'origine ancor più suggestiva.
Per motivi su cui le varie leggende divergono, il mitico re Laurino lanciò infatti uno strale contro queste montagne augurando loro che nessuno le ammirasse più nè di giorno nè di notte. Nel suo impeto dimenticò però i momenti dell'alba e del tramonto e fu così che nacque il fenomeno dell'enrosadira, quella straordinaria colorazione che le rocce del Catinaccio assumono all'imbrunire.

Sul web: www. rosengarten-latemar.com Per informazioni sulla situazione meteorologica e sulle condizioni della neve: www.provincia.bz.it/meteo
Come arrivare: Da Bolzano Nord (casello A22) si seguono le indicazioni per Tires. Si continua oltre Tires e San Cipriano: appena dopo il primo tornante si parcheggia e si seguono poi le puntuali indicazioni escursionistiche.
Per chi: per chi vuole regalarsi una giornata panoramica. Bambini compresi.

Il panorama offerto dalla piazzetta di Ortonovo è ancora oggi incantevole, quasi quanto doveva esserlo nell'alto Medioevo. Fu allora che le popolazioni di Luni e dintorni risalirono le pendici delle Alpi Apuane per fuggire dall'ambiente malsano e paludoso della piana costiera, alla ricerca di nuovi territori da abitare e coltivare, appunto un "hortus novus".

Ammirando il panorama dal centro del paese, si può dunque capire perchè Paolo Guinigi, sette secoli or sono, decise di acquisire questo piccolo borgo e volle fortificarlo al fine di trascorrervi romantiche serate con la moglie, la bellissima Ilaria del Carretto. Oggi rimangono la torre, detta appunto Guinigi, ed un bel santuario: dalla piccola piazzetta si guarda verso ponente ed all'orizzonte si staglia la sagoma del monte Caprione, che si tuffa nel mare, più in basso tutta la piana del Magra e la confluenza del fiume nel mar Tirreno. In primo piano, spicca la posizione sopraelevata di Nicola, piccola frazione di Ortonovo, meritevole anch'essa di una passeggiata.

In discesa da Ortonovo vale la pena seguire la via per Carrara. Si attraversa così una bella foresta di latifoglie e, appena dopo lo scenografico abitato di Fontia, si apprezza il panorama sulle Alpi Apuane e sui ruderi di Castel Moneta.

Sul web:
www.comune.ortonovo.sp.it
Come arrivare: Dal casello A12 di Carrara seguire la direzione del centro città. Percorrere il vialone che risale da Marina al cuore della città dei marmi fino ad incrociare, sulla sinistra, la deviazione per Ortonovo.
Per chi: per tutti i curiosi e gli appassionati.

28 – Contemplare il Gran Paradiso dal rifugio Chabod

A partire dalla località Pont, nella selvaggia Valsavarenche, si superano circa ottocento metri di dislivello prima di raggiungere la spettacolare piana dove si trova il rifugio Chabod.

Lungo il sentiero 5 ci si arrampica per qualche minuto tra i boschi, poi la traccia corre tra le radure d'alta quota svelando allo sguardo panorami sempre più ampi. Il punto più emozionante è il primo impatto con la vertiginosa parete nord del Gran Paradiso, una sagoma che accompagna fino alle porte del rifugio Chabod.

Ogni giorno, prima dell'alba, decine di escursionisti partono da questo rifugio per conquistare la vetta del Gran Paradiso ma affrontano il ghiacciaio del Laveciau (molto crepacciato) e poi la cosiddetta "schiena d'asino".

La parete nord, terribilmente verticale, è invece preda di pochi temerari.

Sul web: www. rifugiochabod.com
Come arrivare: Pont Valsavarenche è l'ultimo paese della valle, un paese pressochè "fantasma". Si raggiunge seguendo le indicazioni a partire dal casello autostradale di Aosta Ovest – Saint Pierre.
Per chi: per tutti gli escursionisti. Bambini solo se allenati e abituati alla montagna.

29 – Camminare in riviera, verso le Cinqueterre

profumi del Mediterraneo, i panorami, un po' di movimento prima del meritato relax in spiaggia: sono questi i motivi che spingono ad avventurarsi lungo il bel sentiero che da Levanto conduce a Monterosso al Mare, la più occidentale delle Cinque Terre. Immersi in una vegetazione fragrante e rigogliosa si cammina in salita dolce ma costante fino ai 313 metri del Semaforo (seguire segnavia 1/10), un'antica postazione di controllo sul mar Ligure, per poi scendere rapidamente a Monterosso. Nei pressi del Semaforo si trovano anche i ruderi dell'antico eremo di Sant'Antonio al Mesco. L'escursione, specie a primavera, regala scorci affascinanti ed ai più attenti un patrimonio di ricordi "olfattivi", davvero piacevoli.

Anche se si parte e si arriva in spiaggia sono d'obbligo calzature adeguate!

Sul web: www.parconazionale5terre.it il sito ufficiale del Parco Nazionale delle Cinque Terre (tel. 0187 76031), www.trenitalia.it per orari e coincidenze ferrroviarie, www.comune.monterosso.sp.it e www.comune.levanto.sp.it per informazioni su Monterosso e Levanto.

Come arrivare: Levanto è un'uscita della A12 Genova - Livorno. Il punto di partenza del sentiero è ben indicato a partire dal lungomare della cittadina. E' comodo servirsi del treno perchè sia il paese di partenza che il paese di arrivo sono serviti dalla stazione ferroviaria.

Per chi: per tutti quelli che hanno un pizzico di allenamento. Per i bambini sono necessarie attenzione e prudenza.

Autunno

30– Girovagare nella più piccola città del Sud Tirolo

Sul web: www.comune.glorenza.bz.it; www.passoresia.it, www.vinschgau-suedtirol.info ; www.valmustair.com
Come arrivare: da Bolzano seguire le indicazioni per Merano e proseguire oltre lungo la val Venosta, in direzione del confine di passo Resia.
Per chi: per tutti.

"La nostra città è così piccola che dobbiamo andare a Messa fuori dalle mura". Così dicono a Glorenza, o Glurns in tedesco, nel cuore della val Venosta, a due passi dal confine con l'Austria e la Svizzera. "Città" dal 1309, Glorenza venne completamente rasa al suolo dalle truppe elvetiche che si opponevano all'imperatore Massimiliano I: fu proprio costui, nel 1499, a voler ricostruire la città dotandola della possente cinta muraria che è arrivata fino ai giorni nostri. Oltre alle mura, intervallate dalle porte di accesso e da sette torri con le cuspidi, tutto il centro abitato del paese mantiene intatto l'aspetto di un borgo medievale di influsso austriaco.

Nei dintorni le opportunità per viaggiare sono svariate. Ne proponiamo due, restando nel fondovalle e senza quindi arrampicarci verso le alte vette delle Alpi. La destinazione più "curiosa" è senz'altro il campanile di Curon (Graun) che emerge dalle acque del lago artificiale, realizzato nel 1949 per lo sfruttamento a fini idroelettrici. Gli abitanti furono "traslocati" ed il paese allagato: dal bacino spicca dunque il solo campanile della chiesa parrocchiale, originaria del '300. La destinazione più "prestigiosa" è invece in territorio elvetico, a Mustair, ed è il monastero di San Giovanni, dichiarato "patrimonio dell'umanità" dall'Unesco sin dal 1983: fondato dal vescovo di Coira nell'VIII secolo vanta uno straordinario ciclo di affreschi di epoca carolingia che ne motiva l'inestimabile valore artistico.

31 – Passeggiare per una valle, davanti a cento cascate

Prima o dopo l'invasione del turismo estivo le cascate di Vallesinella sono uno spettacolo da non perdere. Curiosamente, invece, vengono ignorate da chi, impegnato nella conquista di una vetta, di un rifugio o di una via ferrata, sfrutta il fondovalle solo come base in appoggio ad obiettivi più... "verticali". E rinuncia così ad una serie di spettacoli naturali da perdere il fiato.

Appena sotto il rifugio Vallesinella, a 1514 metri di altitudine, si trovano le cascate di Mezzo: una muraglia d'acqua che precipita per decine di metri con un fragore assordante. L'acqua, così limpida ed apparentemente innocua, è in grado di modellare anche la roccia più resistente.

Le cascate Alte, invece, si possono contemplare dal basso, ma si possono anche risalire, ponticello dopo ponticello, fino agli alpeggi di malga Vallesinella. Solo camminando lungo il facile sentiero, tra faggi ed abeti, si potranno scoprire punti di vista sorprendenti, avvicinandosi ai salti d'acqua fino a sfiorarli.

Chi ha perizia e l'attrezzatura adeguata può avventurarsi nella valle durante la stagione invernale ed ammirare le cascate ghiacciate!

Sul web:
www.pnab.it sito del Parco Naturale Adamello Brenta.
Per arrivare: dall'uscita Brescia Est della A4 seguire Salò e successivamente le indicazioni per Tione - Pinzolo - Madonna di Campiglio.
Per chi: per chi cerca una passeggiata rilassante. La versione invernale della passeggiata è praticabile solo se la strada non è chiusa al transito anche pedonale e qualora non sussista il pericolo di valanghe (per informazioni sulla situazione meteorologica e sul bollettino valanghe www. meteotrentino.it)

La più antica chiesa del Sud Tirolo si trova nel comune di Caldaro, vicino alla frazione Castelvecchio (Altenburg in tedesco). Risale al V secolo d.C. e si mantenne in servizio fino al 1782, quando venne abbandonata. Da allora il declino ed i crolli. Un recente restauro ha restituito le mura perimetrali e qualche decorazione: un contesto davvero suggestivo.

Ma dopo aver raggiunto la piccola chiesetta lungo il sentiero che scende a partire dal parcheggio di Mullereck si può proseguire, tra scalette e passaggi, fino alla vertiginosa cascata che è il simbolo della gola di Rastenbach e che offre un vasto panorama sul lago di Caldaro e sui vigneti che arrivano a sfiorarne le rive.

Sul web: www. kalterersee.com
Come arrivare: : uscite di Egna-Ora-Termeno/Neumarkt-Auer-Tramin o Bolzano Sud lungo la A22. Il parcheggio Mullereck si trova appena prima della frazione Castelvecchio (Altenburg), nel comune di Caldaro (Kaltern). Si parcheggia e si percorre il sentiero 13 per la Barental: la prima deviazione verso il sentiero 2b porta alla chiesetta, tornando sui propri passi si prosegue poi in discesa sino alla cascata. Il ritorno avviene lungo l'itinerario di andata. **Per chi:** tutti.

33 – Passeggiare sull'acqua, a Borghetto di Valeggio

Sul web:
www.comune.
valeggiosulmincio.vr.
it
Come arrivare:
seguire le indicazioni
per Valeggio sul
Mincio, a partire dal
casello di Peschiera
lungo la A4.
Per chi: per tutti.

Un paio d'ore: questo è quanto serve per cogliere appieno l'aria romantica di Borghetto, respirarne l'atmosfera e portarla nel cuore.

Un paio d'ore: il tempo di una deliziosa passeggiata tra le vie di questo piccolo borgo sospeso sulle placide acque del Mincio, appena a valle del lago di Garda.

Una passeggiata. E poi una merenda in uno dei locali più scenografici, dove l'acqua scorre tutto attorno.

Dominato dal ponte visconteo – costruito da Giangaleazzo Visconti sul finire del XIV secolo – Borghetto è situato su un antico guado del fiume Mincio, a controllo di un facile quanto ambito punto di passaggio. Zona di frontiera fece gola agli Scaligeri, ai Gonzaga, ai Visconti e poi alle grandi potenze, da Venezia alla Francia, all'Austria degli Asburgo.

Non vi sono monumenti di particolare interesse per le vie di Borghetto: l'incanto è dato dalla fusione tra le case e le acque che cingono il paese, mettendo in movimento i mulini – un tempo fonte di ricchezza perchè necessari alla lavorazione di riso e frumento – e dando vita ai canneti ed ai boschi che fanno da ulteriore contorno alle poche, variopinte casette.

Su Borghetto vigila il severo profilo del castello di Valeggio, con l'antica torre Tonda, risalente al XII secolo.

34 – Scoprire l'Alpe Veglia

Sul web: www. parcovegliadevero.it
Come arrivare: Si percorre tutta la A26 fino a Gravellona Toce, si prosegue oltre lungo la superstrada dell'Ossola fino a Varzo dove sono presenti le indicazioni per San Domenico. Poco oltre questa frazione si scende sino ad un alpeggio da cui parte la salita all'Alpe.
Per chi: per tutti, la salita è impegnativa ma tutto sommato breve.

L'autunno è la stagione migliore per scoprire l'Alpe Veglia. I colori si accendono, il cielo è più terso, il clima è più invitante.

L'Alpe Veglia sorprende.

Sorprende perché, dopo una ripida camminata sul pendio di una montagna rocciosa, ci si infila in una stretta gola, si domina da centinaia di metri il corso di un torrente fragoroso ed all'improvviso, superato un bel ponte in pietra, lo scenario si apre su una vasta radura circondata da alte vette e punteggiata da piccoli vilaggi. Ristrutturati, oggi ospitano "case da monte" o rifugi alpini ma un tempo erano veri e propri paesi abitati da pastori e contadini, luoghi isolati dove la vita scorreva seguendo ritmi antichi, all'oscuro di ciò che accadeva tutt'attorno.

Non appena si inizia a passeggiare tra le baite di Cianciavero, come tra quelle di Crampiolo, nella vicina Alpe Devero, è immediato chiudere gli occhi e tentare di immaginare come potesse essere quella vita passata, che oggi si trova solo nei romanzi o che ricorda ai meno giovani le avventure di Heidi o di Annette, protagoniste di indimenticati cartoni animati.

5 – Arrivare al rifugio Pastore, sotto il monte Rosa

Si gode di una delle più belle visuali della parete sud del monte Rosa da questo alpeggio della val Sesia, a pochi minuti di cammino da Alagna. Ed il rifugio Pastore, fulcro dell'accoglienza in questo alpeggio, è recente e particolare, costituito da quattro baite in larice e pietra.

Per arrivare a contemplare questo scenario genuinamente alpino si cammina per meno di un'ora. Si lascia alle spalle il parcheggio Wold proseguendo per alcune centinaia di metri su asfalto. In seguito si continua lungo una mulattiera recentemente risistemata che inizia dopo le cascate dell'Acqua Bianca.

Prima di raggiungere il rifugio, a 1575 mslm, si passa anche nei pressi di un altro bel salto d'acqua: le cascate delle Caldaie del Sesia.

Si può ridurre il tratto asfaltato prendendo un sentiero che stacca in località Sant'Antonio e permette di raggiungere il rifugio in modo più diretto ma anche più impegnativo.

Sul web:
www.rifugiopastore.it
Come arrivare: Seguire le indicazioni per Alagna Valsesia a partire dall'uscita di Romagnano Sesia lungo la A26 Genova Gravellona Toce.
Per chi: per gli appassionati di montagna.

36 – Visitare il castello di Rivalta

Sul web:
www.
castellodirivalta.it
Come arrivare:
Seguire le indicazioni per la val Trebbia una volta raggiunta la città di Piacenza (A1 o A21) e successivamente le indicazioni per il castello di Rivalta.
Per chi: per tutti .

Dalla torre del castello di Rivalta si domina un'ampia porzione della pianura piacentina e dei primi rilievi dell'Appennino. In mezzo scorre il fiume Trebbia, un torrente che appare un piccolo rivo al cospetto di un greto sproporzionato per gran parte dell'anno.

E' difficile oggi immaginare cosa sia successo intorno al II secolo a.C. quando i Romani fronteggiarono le truppe di Annibale ed avvertirono così l'esigenza di realizzare le prime fortificazioni su queste colline. Grazie alla visita del castello, tuttavia, riesce più facile calarsi nel Medioevo e nell'età Moderna. Passeggiando tra stanze e saloni, con l'occhio attento a cogliere le particolarità dell'arredo d'epoca e gli antichi attrezzi, è spontaneo fantasticare sulla vita che si svolgeva tra queste mura.

Il castello ha origine nei primi anni del secondo millennio ma solo nel XIV secolo passa alla famiglia Landi che, pur con varie vicissitudini, ne ha mantenuto la proprietà fino ai giorni nostri. Il ramo degli Zanardi Landi – oggi proprietario del castello - ha curato il restauro ed ha riconsegnato il castello al suo antico splendore, tanto da aver ospitato anche membri della famiglia reale inglese.

Una visita permette di ammirare lo sfarzo della residenza ma anche di conoscere il terribile passato militare del castello (ad esempio, non può che lasciare sgomenti ed inorriditi il crudele pozzo del taglio). Nella Sala delle Armi sono esposte alcune bandiere issate durante i cruenti scontri della battaglia di Lepanto, nel 1571, che portò alla sconfitta musulmana ad opera della Lega Santa, composta da Venezia, Austria, Spagna ed altri Stati europei sotto l'insegna dello Stato pontificio.

37 – Respirare foschie medievali a Padernello

Non fosse per qualche "dettaglio" contemporaneo, un viaggio a Padernello potrebbe quasi arrivare ad essere un tuffo nel Medioevo più autentico.

L'antico borgo mantiene genuinamente i suoi tratti di paese agricolo, i campi contrastano con un rigoglioso boschetto e la sagoma imponente del castello svetta da secoli, maestosa ma raffinata, protetta da un fossato che voleva essere una difesa dai briganti, dai malviventi ma anche dalla cupidigia dalle famiglie rivali. Il castello fu voluto da Bernardino Martinengo nel 1485 ed ebbe, come detto, quasi sempre una funzione "residenziale": si spiegano così i vezzi estetici che risaltano sui tratti più tipicamente militari del fortilizio.

Sul web:
www.castellodipadernello.it

Come arrivare:
Uscita Pontevico lungo la A21 e di seguito indicazioni per Verolanuova, Quinzano e poi Borgo San Giacomo. Giunti a Borgo San Giacomo seguire le indicazioni per il castello ed il borgo di Padernello.
Per chi: per tutti .

38 – Ritirarsi nella pace delle colline moreniche mantovane, a Castellaro Lagusello

Sul web:
www.castellaro.it
Come arrivare: seguire le indicazioni per Monzambano a partire dal casello di Sirmione lungo la A4.
Per chi: per tutti.

Un castello ed un lago, a forma di cuore: dall'unione di questi due elementi deriva il fascino di un piccolo ed intimo paesello immerso tra i vigneti delle colline moreniche mantovane.

Villa Arrighi-Tacoli, quasi intatta nonostante i suoi otto secoli di storia, è il punto di interesse principale di questo borgo agricolo che ha preservato nel tempo la cinta muraria – pur perdendone diverse torri - la pavimentazione in pietra di fiume e le case con sassi a vista.

Al borgo antico si accede passando sotto la "torre dell'orologio" dove un tempo si trovava il ponte levatoio. Subito sulla sinistra si rimane colpiti dalla parrocchiale di San Nicola, un edificio barocco che contrasta fortemente con le linee del nucleo storico di Castellaro Lagusello, più "essenziali".

All'interno della chiesa è custodita anche una Madonna lignea del XV secolo. Percorsa tutta la via principale, e sfiorata villa Arrighi-Tacoli, si raggiunge un'altra torre che dà accesso ad un giardino direttamente affacciato sul lago.

39 – Dominare la Vallagarina da due castelli

Sul web:
www. buonconsiglio.it,
www. fondoambiente.it
www. comune.ala.tn.it
Come arrivare: Sulla A22 si esce ad Ala-Avio per il castello di Avio, a Rovereto Sud per Castel Beseno.
Per chi: per tutti i curiosi e gli appassionati.

Anche oggi in epoca di satelliti, navigatori e radar la funzione di vedetta di questi due castelli è ben evidente: sfrecciando lungo la A22 non si può fare a meno di notare l'incombente presenza dapprima del castello di Sabbionaria d'Avio, che si allunga sulle pendici meridionali del monte Baldo, e poi di Castel Beseno, appollaiato come un'aquila, su un'isolata collina che domina l'intera Vallagarina.

Il castello di Sabbionara d'Avio è gestito dal FAI ed all'interno delle mura duecentesche accoglie un palazzo baronale, protetto da un mastio e da un torre d'ingresso. Di rilievo gli affreschi della Sala di Amore, la stanza dove amava rilassarsi il Signore, lontano dalle ansie e dalle preoccupazioni della vita politica.

Castel Beseno è invece la più grande fortificazione trentina: nato come presidio militare intorno al XIII secolo - quando vennero uniti il "castello verso Trento" ed il "castello verso Rovereto" - si è poi sviluppato come residenza nobiliare.

Di grande impatto e suggestione il cammino di ronda che permette di cogliere appieno la valenza strategica della fortificazione. Le mura del castello ospitano un'esposizione permanente sulla battaglia di Calliano, che infuriò proprio nei dintorni di Besenello nel 1487, ed accolgono diverse manifestazioni culturali durante l'estate.

Tra Sabbionara d'Avio e Castel Beseno si trova Ala, la città di velluto: nelle vie del centro di questo antica cittadina si trovano storici palazzi nobiliari, testimonianze di un XVII secolo di grande prestigio. Ala fu infatti un importante snodo produttivo e commerciale, dedito alla filatura di tessuti pregiati.

40 – Pensare alla Lombardia che fu, a Savogno, in val Chiavenna

Per avere un'idea di com'era la vita in montagna fino a metà del secolo scorso basta questa passeggiata di circa un'ora a partire da Piuro, in val Chiavenna.

Più di duemilaottocentottanta scalini conducono dal fondovalle a Savogno, un villaggio oggi abbandonato ma che un tempo era popolato da taglialegna, pastori e contadini, aveva una scuola ed una bottega. Poi si è rapidamente spopolato ed oggi, pur perfettamente conservato, è un paese fantasma che si rianima solo grazie alla presenza del rifugio ed al recupero delle antiche abitazioni, ora "case da monte" di chi durante la settimana vive altrove. Passeggiare tra queste case tipiche è suggestivo quanto ampio è il panorama che si gode dalla chiesetta.

Tornati a valle ci si può dedicare alle spettacolari cascate dell'Acqua Fraggia, a Palazzo Vertemate, unico edificio superstite di una rovinosa frana che travolse Piuro, al bel centro di Chiavenna e poi... alla cucina! Tra Chiavenna e Piuro sono numerosi i "crotti" ovvero cantine naturali ricavate sotto i massi precipitati a causa di antiche frane. In questi ambienti particolari il "sorel", una corrente d'aria, mantiene un microclima ideale per conservare e degustare vino, formaggi e salumi. E come dice un'iscrizione del 1781 nei crotti "si vende vino bono e si tiene schola de ummanità".

Sul web: www. valchiavenna.com
Come arrivare: Percorsa tutta la superstrada Milano Lecco Colico si prosegue per Chiavenna secondo le precise indicazioni viabilistiche.
Per chi: per tutti e per chi vuole scoprire la differenza tra i pizzocheri valtellinesi e chiavennaschi.

41 – Impaurirsi per i fantasmi del castello di Maccastorna

Il castello non è visitabile ma merita di essere ammirato anche solo dall'esterno: appare subito quanto sia imponente e ben conservato nonostante i tanti secoli di storia.

Può essere la meta di una bella pedalata che dalla stazione di Ponte d'Adda (Pizzighettone), costeggia il fiume Adda lungo l'argine destro (una strada sterrata stacca proprio in corrispondenza del ponte sul fiume lungo la SS234 Codognese) e conduce sino a Meleti e Maccastorna, nel Lodigiano più segreto e profondo.

Leggende, fantasmi ed un terribile episodio per questo maniero di campagna: nel 1304 Cabrino Fondulo, smanioso di conquistare la città di Cremona, invitò qui i Cavalcabò - famiglia che in precedenza gli aveva pure donato il castello stesso - e con l'inganno li fece trucidare.

Nei dintorni vale uno sguardo villa Stanga Trecchi, bell'esempio di villa nobiliare barocca nel centro di Crotta d'Adda.

42 – Ascoltare echi medievali nell'Appennino Piacentino

Castell'Arquato è un borgo medievale di indubbia fama, sede di numerosi eventi e visitato da migliaia di persone ogni anno. Nonostante diverse lottizzazioni abbiano pregiudicato vedute un tempo stupende, Castell'Arquato mantiene un fascino unico. Si lascia l'auto nei pressi del torrente Arda e si sale a piedi percorrendo un camminamento che da secoli porta, attraverso tutto l'abitato, fino alla vetta della collina.

Nel cuore del paese, piazza Monumentale, si fronteggiano il potere militare (la Rocca), il potere religioso (la Collegiata) ed il potere politico (il palazzo del Podestà).

Più nascosto e meno conosciuto è invece Vigoleno, minuscolo borgo castellato nel comune di Vernasca. Sono tre le piccole strade che si arrampicano fino al castello e il loro andamento esalta la posizione di presidio, avvistamento e difesa del maniero.

Lo stato di conservazione del castello è ottimo: il restauro è stato curato nei primi anni del Novecento per iniziativa della principessa Ruspoli Gramont che volle accogliere su questo colle personalità di rilievo del mondo culturale dell'epoca. Visto da fuori il fortilizio affascina per la sua monumentalità, una volta entrati nelle mura si è rapiti dall'atmosfera che proietta all'indietro nel tempo di svariati secoli.

Splendido di giorno come di sera, quando viene illuminato e la magia è ancora più forte!

Sul web:
Castell'Arquato
www.comune.castellarquato.pc.it
Vigoleno
http://www.borghitalia.it/html/borgo_it.php?codice_borgo=113
Come arrivare: Castell'Arquato si raggiunge in dieci chilometri partendo dalle indicazioni poste sulla tangenziale di Fiorenzuola (A21-A1). Per Vigoleno proseguire oltre Fiorenzuola ed Alseno lungo la via Emilia sino ad un incrocio : a destra si percorre la valle dell'Ongina e presto s'incontrano le indicazioni per Vigoleno.
Per chi: per tutti.

43 – Camminare su un antico valico di confine

Sul web:
www.
cuoredivaltellina.it
Come arrivare:
Indicazioni per la val Malenco e Chiareggio, piccola frazione da cui parte l'itinerario, a partire da Sondrio.
Per chi: per i patiti della montagna.

Magari nessuno vi darà un premio, come accadeva nel Medioevo quando il primo mercante che valicava il passo del Muretto dopo l'inverno veniva premiato dalla città di Sondrio, ma una bella camminata autunnale fino al passo del Muretto un regalo lo fa comunque. Anzi due: un panorama infuocato e la soddisfazione della vetta.

Una valle solitaria, invero un po' monotona se non accesa dai colori dell'autunno, la cui storia è però molto cruenta. Non solo mercanti e viandanti ma anche eserciti e manipoli di mercenari transitarono per questo passo: nei primi decenni del '600, infatti, dal cantone dei Grigioni alcuni soldati penetrarono fino a Sondrio per rapire l'arciprete Nicola Rusca, accusato di omicidio. La morte del religioso, a seguito delle torture subite in carcere, scatenò la rabbia dei valtellinesi cattolici che si resero protagonisti di orrende rappresaglie ai danni dei protestanti: molti di questi scapparono in Svizzera valicando proprio il passo del Muretto. E pochi mesi dopo un esercito cantonale varcò questo stesso confine per assoggettare la Valtellina ma venne sconfitto nella battaglia di Tirano.

Il sentiero, oggi, è ampio e facile da seguire, un po' lungo ma mai veramente ripido. Ricalca la strada militare tracciata durante la Prima Guerra Mondiale per segnare la linea Cadorna: solo in alcuni tratti, a causa di frane e smottamenti, la vecchia carrabile non è più percorribile.

Inverno

4 – Scoprire un altro Sud Tirolo

Sul web:
www.
kalterersee.com,
www.weinstrasse.
com,eppan.travel/it
Come arrivare:
A22: uscite di Egna-
Ora-Termeno/
Neumarkt-Auer-
Tramin oppure
Bolzano Sud.
Per chi: per tutti .

ono tantissime le persone che si riversano a Bolzano, Merano, ressanone, Vipiteno e Brunico per i "mercatini di Natale". Ed ancora i più gli appassionati di montagna che ogni inverno ed ogni estate scono al casello di Egna-Ora-Termeno lungo la A22 per raggiungere località turistiche delle Dolomiti. Pochi però esplorano il mondo he si apre tra Bolzano ed i paesi di Ora (Auer) ed Egna (Neumarkt), ulla riva destra dell'Adige.

nanzitutto questi due paesl, appena fuori dall'autostrada, sono ttimamente conservati e mantengono un elegante aspetto edievale. Una passeggiata per le loro vie è una piacevole sorpresa.

iù in là, verso Caldaro, o Kaltern, secondo la dizione tedesca, la iana dell'Adige accoglie ordinati meleti che progressivamente sciano spazio ai vigneti che si arrampicano fin sulle pendici del enegal.

n mezzo a questi vigneti, Termeno (Tramin) patria del celebre ewurztraminer, un vino bianco conosciuto da tutti gli intenditori, e stessa Caldaro, patria del Rosso di Caldaro: oltre ad un salto in una elle tante cantine sparse sul territorio vale la pena perdersi per gli eganti centri storici dei due paesi, alla scoperta di un'architettura he ormai profuma di "mitteleuropa".

iù a nord, quasi alle porte di Bolzano, i tre castelli di Appiano ppan) e, in periodo natalizio, la suggestione di San Paolo, la azione in cui i presepi sono esposti nelle finestre delle case. Le tre rtificazioni formano il cosiddetto "triangolo dei castelli": mentre il astello di Appiano e castel Korb sono ben conservati, solo rovine e deri rimangono di castel Boymont, un tempo elegantissimo.

fine, tra Appiano e Bolzano si trova la più grande rocca del Sud irolo, castel Firmiano, passato alla storia anche in epoca recente per ver ospitato cinquantamila sudtirolesi che rivendicavano più diritti allo Stato italiano. Oggi ospita il museo della montagna ideato da einhold Messner.

45 – Recitare sul palcoscenico della val Venegia

Il passo Rolle, a 1985 metri di altitudine, è il cuore di un comprensorio sciistico molto frequentato. Sul suo versante settentrionale, però, si estende la solitaria val Venegia, la vallata che prende il nome da Venezia, perché da questi verdi pendii la Serenissima Repubblica ricavava il legname per le proprie imbarcazioni e lo faceva scivolare su torrenti e fiumi fino in Laguna.

Da pian dei Casoni (1690 mslm) si inizia una ciaspolata molto facile che, su un'ampia strada forestale, conduce in pochi minuti alle malghe Venegia e Venegiota (metri 1820).

E' difficile descrivere con le parole l'imponente eleganza delle Pale di San Martino il cui profilo domina la scena sin dai primi momenti della passeggiata. Sembrano le quinte di un favoloso palcoscenico che la natura ha voluto regalare a questo angolo di Trentino ai confini con il Veneto.

E proprio sul palcoscenico finisce da secoli la legna ricavata dagli abeti della vicina foresta di Paneveggio: in questi boschi, infatti, saliva il liutaio cremonese Antonio Stradivari, alla ricerca della miglior materia prima per i propri violini.

Se malga Venegiota è un obiettivo alla portata di tutti, compresi i bambini più disciplinati, lasciamo ai più allenati ed esperti la conquista di baita Segantini: si sale su traccia ben evidente percorrendo tutta la piana solcata dal torrente Travignolo ed arrampicandosi poi sui tondeggianti rilievi che portano oltre i 2000 metri di quota.

A baita Segantini (metri 2170) il panorama si apre verso ovest mentre verso nord e verso est abbraccia dall'alto tutta la val Venegia.

Sul web: www. sanmartino.com
Come arrivare: Pian dei Casoni si raggiunge a partire dal casello di Egna/Ora/Termeno sulla A22. Si percorre l'intera val di Fiemme sino a Predazzo dove invece di proseguire per la val di Fassa si svolta a destra verso Bellamonte. Ultimo bivio: salire a sinistra verso passo Valles lasciando sulla destra la statale per il passo Rolle.
Per chi: per tutti

6 - Raggiungere la malga ed il passo Bregn de l'Ors

Per godere fino in fondo di questa ciaspolata occorre un'abbondante quantità di neve ben assestata: solo così la strada Giustino – Livera e poi la forestale per la malga Bregn de l'Ors rimarranno imbiancate a dovere. In caso contrario si dovrà camminare su diversi tratti asfaltati prima dell'ultimo strappo finale.

Chi ama la mtb e la val Rendena conosce i cinque terribili chilometri che portano da Giustino a Livera e poi oltre, fino al bivio per Vallaston: un vero e proprio "muro" caratterizzato da pendenze degne di un grimpeur. D'inverno, su questa erta strada forestale inizia il cammino per avvicinarsi al panoramico passo Bregn de l'Ors (le indicazioni guidano talora verso "Bandalors", secondo un'altra dicitura locale).

Dal centro di Giustino (730 mslm) si segue "via del Mut" per sbucare lungo la citata strada forestale che sale fino alle caratteristiche baite di Livera, sparse lungo un pendio erboso.
Questa radura è anche una scorciatoia: si può infatti risalire tra le case a monte abbandonando per alcuni minuti la strada. Man mano che si guadagna quota, si apre alle spalle un bel panorama sul gruppo Adamello – Presanella, con il ghiacciaio di Lares e la vetta del Carè Alto a dominare la scena.

Oltre le baite si torna nel bosco, si raggiunge un quadrivio (proseguire diritto, ignorando le indicazioni a sinistra per Vallaston, a destra per Mancinà) e si continua a camminare in direzione del passo e della malga Bregn de l'Ors (o Bandalors).

Poco oltre un guado si lascia la strada forestale per seguire a sinistra il tracciato del sentiero estivo. La pendenza aumenta tra larici ed abeti fino alla malga Bregn de l'Ors (1626 mslm): oltre questo punto si sale a campo aperto, sulle pendici meridionali del Doss del Sabion, ed in pochi minuti si raggiunge il passo Bregn de l'Ors (1843 mslm). Suggestivo e scenografico l'impatto con il solitario Baito dei cacciatori, poco prima del valico.

Il panorama è superbo: verso est le Dolomiti di Brenta, nel settore del rifugio XII Apostoli, mentre verso ovest si abbraccia con lo sguardo l'intero versante rendenese del gruppo dell'Adamello – Presanella e si riconosce la cima di quest'ultima montagna, la più alta del settore con i suoi 3556 metri.

Sul web: www.pnab.it, il sito del Parco Naturale Adamello Brenta
Come arrivare: Giustino è il paese appena a valle di Pinzolo. A partire da Trento Nord sulla A22 o da Brescia Est lungo la A4 si seguono le indicazioni per Tione - Pinzolo – Madonna di Campiglio.
Per chi: per tutti gli appassionati di escursionismo invernale. Il dislivello dell'escursione è notevole e richiede un buon allenamento.

47 – Saltellare giù dal monte Guglielmo

Lontano da Brescia questa montagna è poco nota. Ed in effetti la vicinanza alla città della Leonessa è uno dei fattori che la rende così frequentata tanto che nelle domeniche invernali la vetta risulta affollata quasi come il centro di una cittadina all'ora dell'aperitivo. D'inverno, infatti, con il candore delle nevi e l'incanto di una natura in letargo anche questa "montagnotta", invero poco attraente durante il resto dell'anno, acquisisce un fascino discreto ed anzi la discesa dalle sue pendici, ciaspole o sci ai piedi, è una delle più divertenti dell'arco alpino.

Da Pezzoro (metri 911), frazione del comune triumplino di Tavernole sul Mella, si sale su traccia forestale fino al rifugio Valtrompia (metri 1278): qui inizia il vero divertimento su neve fresca. La traccia è indicata dalla segnaletica estiva ma è praticamente impossibile non individuare le orme di chi ci ha preceduto.
In vetta vasti panorami sulla pianura, spesso coperta dalla nebbia, le Alpi bresciane ed il lago d'Iseo: in discesa chi ha più dimestichezza con le racchette da neve troverà di che divertirsi saltellando spensierato fino al rifugio Valtrompia.

48 – Affacciarsi sulle Dolomiti di Brenta al rifugio La Montanara

Ci si arriva così agilmente che forse la grandiosità del panorama guadagnato giunge inattesa. Il rifugio La Montanara, infatti, sorprende con la sua splendida balconata sulle Dolomiti di Brenta a soli 1525 metri di quota.

Partendo dal centro di Molveno, ad 860 metri di altitudine, si sale nel bosco seguendo indicazioni puntuali e frequenti. Qualche decina di minuti e si raggiunge il "Dos di Tovre", un pianoro erboso da cui vivere l'impatto con un panorama difficile da dimenticare: le Dolomiti di Brenta ad un soffio, quasi lì da toccare. E l'elegante sagoma del celebre Campanil Basso che non lascia indifferenti gli appassionati di alpinismo: solo nel 1899, dopo vari tentativi, Ampferer e Berger riuscirono a conquistare una vetta – alta 2877 metri - che stava diventando un vero e proprio tabù per gli arrampicatori del XIX secolo.

Dopo aver dedicato il giusto tempo al panorama sulle Dolomiti ci si può rintanare nel rifugio approfittando della cucina tipica!

Sul web: www.pnab.it, il sito del Parco Naturale Adamello Brenta, www.montanara. ea23.com il sito del rifugio
Come arrivare: Molveno si raggiunge a partire dal casello A22 di Trento Nord seguendo le indicazioni per Molveno/Andalo/Fai della Paganella
Per chi: per tutti, bambini compresi se intraprendenti e motivati.

49 – Pranzare all'Alpe Nemes

Sul web:
www. alpe-nemes.com
Come arrivare: Il passo di Monte Croce Carnico è il culmine di una piccola vallata laterale della val Pusteria.
Pertanto dal casello A22 di Bressanone/Brixen si prosegue lungo tutta la val Pusteria fino a San Candido/Innichen: qui si gira per Sesto/Sexten, paese che si supera per poi raggiungere il valico.
Per chi:
per tutti gli amanti di splendidi panorami.
Accessibile anche ai bambini più intrapredenti.

Chiamiamola "ciaspolata" ma raggiungere l'Alpe Nemes dal passo di Monte Croce Carnico (metri 1636) è poco più che una scampagnata sulla neve. Il percorso non è brevissimo ma le pendenze sono minime ed il dislivello è contenuto, non supera infatti i quattrocento metri.

Al contrario, la soddisfazione quando si arriva alla meta è massima.

Le Dolomiti di Sesto sono purtroppo quasi sempre in ombra, da mattina fino a sera, ma il panorama che si gode dalla terrazza dell'alpeggio è comunque veramente poetico. Più prosaico – ma in pieno spirito montanaro – il pranzo che si può gustare comodamente rilassati sulle panchine del rifugio.

La cucina dell'Alpe Nemes è infatti consigliatissima!

La discesa può essere affrontata sfrecciando a bordo di uno slittino! Attenzione a qualche tratto più ripido degli altri... ed a qualche salitella in cui si dovrà camminare ancora!

50 – Arrampicarsi fino al rifugio Preuss

Una ciaspolata lunga ma mai difficile: tempo e fatica sono comunque ripagati dal grandioso panorama che si svela pian piano che dai pendii della val di Fassa ci si addentra nella valle di Vaiolet.

Si parte dai pressi di Muncion, piccola frazione a mezza costa, affacciata sulla bassa val di Fassa (1510 mslm). Il percorso si svolge dapprima sulla strada di fondovalle che risale fino al rifugio Gardeccia, a 1948 metri di quota: le pendenze del tratto iniziale sono dolci, la neve è molto compatta e può capitare di essere disturbati da qualche motoslitta.

Al ritorno – per chi avrà avuto la pazienza di trascinare lo slittino lungo la salita - si potrà scendere in pochi minuti ... divertendosi con una bella slittinata!

Oltre il rifugio Gardeccia, l'incanto è totale: il panorama, finora contraddistinto dai "dirupi del Larsec", si apre e cede il passo alla maestosità del Catinaccio ed al profilo slanciato delle Torri del Vajolet. Si scorge anche la sagoma del rifugio Preuss che si staglia nella vallata come un'aquila appollaiata sullo sperone roccioso. Questa seconda parte della ciaspolata è più breve e più impegnativa ma non deve comunque scoraggiare. Giunti al rifugio Preuss – affiancato dal rifugio Vajolet a 2243 metri di altitudine - il panorama si apre su tutta la vallata che, stretta appunto tra il Vajolet ed il Catinaccio di Antermoia, culmina con il passo Principe (2601 mslm).

Sul web: www. gardeccia.it, www. rifugiopassoprincipe. com,www.fassa.com www. rifugiopaulpreuss. com
Per informazioni sul meteo e la situazione della neve: www. meteotrentino.it
Attenzione alle condizioni della neve in particolare dopo il rifugio Gardeccia.
Come arrivare: Seguire le indicazioni per val di Fassa - val di Fiemme a partire dal casello di Egna/Ora/Termeno sulla A22. Superati Cavalese, Predazzo e Moena si è in dirittura di arrivo. Poco dopo Pozza di Fassa, nella frazione Pera, si trovano le indicazioni per Muncion dove ha inizio la ciaspolata.
Per chi: per chi cerca panorami mozzafiato.

1 – Ispirarsi lungo il sentiero Rilke

Sul web:
www.
duinotourism.it
Come arrivare: Si arriva a Sistiana, a due passi da Trieste, a partire dal casello omonimo lungo l'autostrada A4.
Per chi: per tutti, bambini compresi.
Lo spunto: trovare in biblioteca o in libreria le Elegie di Duino (Duineser Elegien) del poeta Rainer Maria Rilke.

orse anche a noi comuni mortali questa passeggiata a picco ull'Adriatico donerà l'ispirazione per comporre della straordinaria oesia. Quel che è sicuro è che la passeggiata duinese - oggi ibattezzata Sentiero Rilke in onore del poeta praghese Rainer Maria ilke che trasse ispirazioni indimenticabili dal suo soggiorno nel astello di Duino tra il 1911 ed il 1912 - regala scorci davvero unici ulla costa del mare Adriatico.

n Adriatico che qui assume un tratto più vivace e intrigante rispetto lle lunghe distese sabbiose cui si è soliti pensare. La baia di Sistiana, a montagna carsica che s'incontra con il mare, le bianche falesie e oi le eleganti linee del castello di Duino sono i motivi di fascino che pingono a passeggiare su questa traccia. Il tutto senza far fatica: il entiero è breve, comodo, ben segnalato e pianeggiante.

'inverno i panorami sono più ampi perché la vegetazione è meno vvolgente, ma la passeggiata merita in ogni stagione.

FODARA

52 – Ciaspolare nell'incanto delle Dolomiti di Fanes

Il rifugio Pederù è posto nell'ampia testata della val Tamersc, a circa dieci chilometri dall'ultimo paese, San Vigilio di Marebbe o "plan de Mareo", secondo la locale parlata ladina.

Da questo rifugio, 1545 mslm, partono due strade, due tracce antiche: una, ripida, si inerpica per decine di metri con tornanti e strappi molto impegnativi fino a raggiungere l'alpeggio di Fodara Vdla (metri 1965), sul cui sfondo si staglia il profilo del monte Cristallo; l'altra sale con più dolcezza e si addentra nella vallata fino ad arrivare ai rifugi Fanes e Lavarella, posti a breve distanza l'uno dall'altro, a circa duemila metri di quota.

Un giorno una, un giorno l'altra meritano entrambe di essere percorse: i panorami distraggono dalle fatiche, è contenuto il rischio di valanghe (verificare sempre con le locali guide alpine ed il servizio meteorologico) e gli sforzi per conquistare la meta sono tutto sommato contenuti.

I più curiosi potranno cercare in libreria o nelle associazioni turistiche e culturali di San Vigilio di Marebbe e della val Badia qualche testo sul leggendario popolo dei Fanes. Si scoprirà così un'epica di raro fascino, paragonabile ai grandi cicli letterari del Nord Europa, fatta di re ambiziosi e vigliacchi, regine benevolenti, marmotte ed aquile, cavalieri e streghe. Il popolo dei Fanes, tradito dal suo stesso re, si ritirò sotto le pietre delle Dolomiti. Ma è solo un rifugio temporaneo: quando la situazione sarà di nuovo propizia i Fanes torneranno per riconquistare l'antico potere!

Sul web: www. sanvigilio.com Per informazioni sulla situazione meteorologica e le condizioni del manto nevoso: www.provincia.bz. it/meteo
Come arrivare: Seguire la A22 fino a Bressanone/Brixen dove si esce prendendo la statale della val Pusteria. Appena prima di Brunico/Bruneck si devia a destra per la val Badia e successivamente si seguirà a sinistra per San Vigilio di Marebbe. Oltre il paese si procede per il rifugio Pederù.
Per chi: per tutti coloro che cercano panorami grandiosi.

aolo Reale, cremonese, è responsabile di www.cicloweb.net e www.ciaspole.net, siti
eb che dal 2000 offrono percorsi, suggerimenti e guide turistiche agli appassionati di
icicletta, trekking ed escursionismo invernale.

ra le altre cose, ha collaborato con Il Corriere della Sera alla redazione di tre rubriche
n-line: "Pedalando, pedalando", "Il trekking" e "Lombardia Segreta" e con Il Sole 24
re ad alcuni numeri del Dossier Sport. Dall'aprile 2011 al marzo 2014 ha curato per il
uotidiano La Provincia di Cremona la rubrica settimanale "Itinerari e luoghi".
ggi scrive per BiciTech, rivista dedicata al mondo della bicicletta, e Mondo Padano,
ettimanale cremonese di informazione ed approfondimento."

el marzo 2013 è invece uscito "Undici anelli nelle Dolomiti", offerto anch'esso dal
atalogo di www.amazon.it: undici percorsi circolari per scoprire pedalando le
ontagne più belle del mondo. Infine, sempre su www.amazon.it, è disponibile
Ciaspole! L'inverno in neve fresca", una collezione di itinerari per scoprire ed amare la
ontagna durante la stagione bianca.